GRANDES CONSELHOS PARA A VIDA

KEVIN KELLY

GRANDES CONSELHOS PARA A VIDA

Traduzido por Bruno Fiuza

SEXTANTE

Título original: *Excellent Advice for Living*

Copyright © 2023 por Kevin Kelly
Copyright da tradução © 2024 por GMT Editores Ltda.

Todos os direitos reservados. Nenhuma parte deste livro pode ser utilizada ou reproduzida sob quaisquer meios existentes sem autorização por escrito dos editores.

Alguns dos conselhos deste livro já apareceram no blog do autor, *The Technium* (kk.org/thetechnium).

coordenação editorial: Sibelle Pedral
produção editorial: Guilherme Bernardo
preparo de originais: Rafaella Lemos
revisão: Hermínia Totti e Sheila Louzada
diagramação: Natali Nabekura
capa: Editora Sextante
impressão e acabamento: Bartira Gráfica

CIP-BRASIL. CATALOGAÇÃO NA PUBLICAÇÃO
SINDICATO NACIONAL DOS EDITORES DE LIVROS, RJ

K39g

Kelly, Kevin, 1952-
  Grandes conselhos para a vida / Kevin Kelly ; [tradução Bruno Fiuza]. - 1. ed. - Rio de Janeiro : Sextante, 2024.
  176 p. ; 21 cm.

  Tradução de: Excellent advice for living
  ISBN 978-65-5564-873-7

  1. Desenvolvimento pessoal. 2. Sucesso. 3. Conduta de vida. 4. Sabedoria. I. Fiuza, Bruno. II. Título.

24-91530
CDD: 158.1
CDU: 159.923

Gabriela Faray Ferreira Lopes - Bibliotecária - CRB-7/6643

Todos os direitos reservados, no Brasil,
por GMT Editores Ltda.
Rua Voluntários da Pátria, 45 – 14º andar – Botafogo
22270-000 – Rio de Janeiro – RJ
Tel.: (21) 2538-4100
E-mail: atendimento@sextante.com.br
www.sextante.com.br

Sobretudo para os meus filhos:
Kaileen, Ting e Tywen

No meu aniversário de 68 anos, decidi presentear meus filhos jovens adultos com algumas palavras de sabedoria. Não sou de dar conselhos com frequência, mas, quando percebi, já havia escrito 68. Para minha surpresa, eu tinha mais coisas a dizer do que imaginava. Então, nos anos seguintes, passei a sempre escrever conselhos no dia do meu aniversário e compartilhá-los com familiares e amigos. Continuei fazendo isso até reunir cerca de 450 conselhos que gostaria de ter ouvido na juventude.

Basicamente, reuni aqui a sabedoria de todas as épocas, oferecendo recomendações que ouvi de outras pessoas, conhecimentos atemporais do passado ou aforismos modernos que correspondem às experiências que vivi. Não tenho ambições de originalidade, embora tenha tentado expressar tudo nas minhas próprias palavras. Penso nesses conselhos como sementes, porque todos eles poderiam facilmente ser transformados em textos mais extensos. E, ao escrevê-los, dediquei muito tempo a tornar essas lições o mais compactas e tuitáveis possível. Sinta-se à vontade para expandir essas sementes ao longo da leitura e adequá-las ao seu caso.

Se achar que esses provérbios estão de acordo com sua experiência, compartilhe-os com alguém mais novo do que você.

— Kevin Kelly, Pacifica, Califórnia, 2023

Aprenda a aprender
com aqueles de quem você discorda
e até mesmo com quem o ofende.
Veja se consegue encontrar
verdade nas crenças deles.

❦

Agir com entusiasmo
vale 25 pontos de QI.

❦

Saber ouvir é um superpoder.
Quando estiver ouvindo alguém que você ama,
sempre diga
"Me conte mais"
até não haver mais nada a lhe contar.

Sempre peça um prazo,
porque isso o ajuda a eliminar
tudo que é irrelevante ou banal.
O prazo nos impede de tentar
fazer tudo perfeito,
então precisamos fazer diferente.
Diferente é melhor.

❧

Não tenha medo
de fazer uma pergunta
que possa parecer idiota,
porque 99% das vezes
todo mundo tem
essa mesma dúvida mas
está com vergonha de perguntar.

Crie uma vida original.
Em vez de ficar fazendo planos grandiosos,
experimente coisas novas.

❦

Quando você perdoa os outros,
eles podem até não perceber,
mas você se cura.
O perdão não é
algo que fazemos pelos outros;
é um presente que damos a nós mesmos.

O fato de você "não saber" fazer determinada coisa
pode ser constrangedor.
Mas se você estiver "aprendendo" a fazer alguma coisa,
isso é admirável.
Existe uma distância minúscula
entre não saber e aprender.

❦

Não meça sua vida
com a régua de outra pessoa.

❦

Quando uma pessoa lhe diz
o que a incomoda,
ela está lhe dizendo
o que a estimula.

Colecionar coisas só traz alguma vantagem
se você exibe sua coleção
com orgulho
e a compartilha de bom grado.
Sem isso, é mera acumulação.

※

Descansar
não é sinal de fraqueza,
mas de força.

※

Parte importante de viajar
é deixar algumas coisas para trás.
Quanto mais coisas você deixa para trás,
mais você avança.

Você não é obrigado a entrar
em todas as discussões para as quais é chamado.

❧

Uma boa meta de Ano-Novo
é aprender o suficiente sobre determinado assunto
a ponto de você não conseguir acreditar
quão ignorante era um ano antes.

❧

Não é possível argumentar
com uma pessoa sobre algo
em que ela mesma não sabe por que acredita.

A gratidão desperta todas as outras virtudes
e é algo que você pode aprimorar.

❧

Quando estiver ansioso
por causa de sua lista de afazeres,
busque consolo listando
tudo que você já fez.

❧

Cozinhar para alguém nunca dá errado
e é muito fácil.
É um bom jeito de agradar velhos amigos
e uma ótima maneira de fazer novos.

A dor é inevitável. O sofrimento é opcional.

❦

Se estiver procurando alguma coisa
e finalmente encontrá-la,
ao terminar de usá-la,
não a coloque de volta onde a encontrou.
Coloque-a no primeiro lugar onde a procurou.

❦

Movimento + variedade = saúde.

O único tipo de dívida razoável
é a dívida para adquirir algo
cujo valor de troca
tem grande probabilidade de aumentar,
como uma casa.
O valor de troca da maioria das coisas
diminui ou desaparece
no momento em que você as compra.

❧

Uma ótima forma de entender a si mesmo
é refletir a sério sobre tudo
que você acha irritante nos outros.

A vantagem de uma meta
absurdamente ambiciosa
é que ela estabelece um padrão muito alto.
Então, mesmo que você não a alcance,
ela pode lhe render conquistas acima da média.

❀

Ao doar 10% da sua renda,
você perde 10% do seu poder de compra,
o que é pouco se comparado
aos 110% de felicidade que você ganha.

❀

A melhor forma de aprender qualquer coisa
é tentar ensinar o que você sabe.

Sempre que tiver que escolher
entre ter razão e ser gentil,
seja gentil. Sem exceções.
Não confunda gentileza com fraqueza.

❋

Os ritos de passagem fazem falta.
Organize uma cerimônia familiar memorável
quando seus filhos alcançarem a idade adulta,
entre 18 e 21 anos.
Este momento vai se tornar
uma referência significativa na vida deles.

❋

A melhor maneira de chegar ao sim em uma negociação
é realmente entender
o que o sim significa para a outra parte.

Receita para a grandeza:
torne-se apenas um pouquinho melhor
do que era no ano anterior.
Repita todos os anos.

❋

Desenhe para descobrir o que você vê.
Escreva para descobrir o que pensa.

❋

Sempre que não souber
qual caminho seguir,
escolha aquele que produz mudança.

A fila mais rápida no supermercado
será aquela com menos pessoas,
não importa o tamanho do carrinho delas.

❉

Escolha não ficar indignado hoje.

❉

O hábito é muito mais confiável
do que a inspiração.
Faça progresso criando hábitos.
Não se concentre em entrar em forma.
Concentre-se em se tornar o tipo de pessoa
que nunca falta ao treino.

Se você é a pessoa mais inteligente no recinto,
você está no lugar errado.
Conviva e aprenda
com pessoas mais inteligentes do que você.
Melhor ainda: encontre pessoas inteligentes
que discordem de você.

❃

Exija evidências extraordinárias
para acreditar em afirmações extraordinárias.

❃

Regra de três nas conversas:
para descobrir a verdadeira motivação de alguém,
peça à pessoa que aprofunde o que acabou de dizer.
Depois mais uma vez e de novo.
A terceira resposta é a mais próxima da verdade.

Os profissionais cometem tantos erros
quanto os amadores;
eles apenas aprenderam a
se recuperar de seus erros com mais elegância.

※

Não seja o melhor. Seja o único.

※

Todo mundo sente timidez.
As outras pessoas estão esperando
que você se apresente a elas;
estão esperando
que você lhes envie um e-mail;
estão esperando
que você as convide para sair.
Vá em frente.

Quanto mais interessado nos outros você estiver,
mais interessante eles vão considerá-lo.
Para ser interessante, seja interessado.

※

Quando alguém recusar um convite seu,
não leve para o lado pessoal.
Presuma que o outro é uma pessoa como você:
atarefada, ocupada, distraída.
Tente de novo depois. É impressionante
como a segunda tentativa costuma funcionar.

O propósito de um hábito
é remover aquela ação
da mesa de autonegociação.
Você não gasta mais energia
decidindo se deve ou não fazê-la.
Você apenas faz.
Bons hábitos vão desde
dizer a verdade a usar fio dental.

⚜

Pontualidade é uma demonstração de respeito.

Enquanto você for jovem,
passe de seis meses a um ano
vivendo com o mínimo possível,
comendo feijão com arroz num quartinho
ou numa barraca de acampamento.
Dessa forma, sempre que tiver que arriscar
algo no futuro, não terá medo
da "pior das hipóteses".

❧

Acredite em mim: não existe isso de "eles".
Estamos todos no mesmo barco.

❧

Cuide das pequenas coisas.
As pessoas costumam ser derrotadas mais
pelas bolhas no pé
do que pelas montanhas.

Liderar é mostrar aos outros
o que você espera deles –
e isso pode ir além
do que eles mesmos esperam de si.
Ofereça a eles uma reputação
a que possam fazer jus.

❖

Se você pedir feedback,
vai ouvir uma crítica.
Mas se pedir um conselho,
vai ouvir um amigo.

❖

A Regra de Ouro,
de não fazer ao outro o que não quer que façam a você,
nunca vai deixar você na mão.
Ela é a base de todas as outras virtudes.

Para fazer algo bom, apenas faça.
Para fazer algo ótimo, refaça,
refaça e refaça.
O segredo para fazer coisas incríveis
é refazê-las.

※

Uma verdade:
é difícil enganar uma pessoa honesta.

※

Para expandir sua mente,
pense com seus pés ao fazer uma caminhada
ou com sua mão ao escrever.
Pense fora da caixa (craniana).

De início, compre
as ferramentas mais baratas que encontrar.
Depois, troque aquelas que você mais usa
por outras melhores.
Se acabar usando alguma delas para trabalhar,
compre a melhor que puder.

❧

Reduza sua lista de afazeres
perguntando a si mesmo:
"Qual é a pior coisa que pode acontecer
se eu não fizer isso?"
Elimine tudo que não ofereça o risco
de terminar em desastre.

Para transitar por um espaço onde você talvez
não devesse estar,
aja como se fizesse parte dele.

✤

Nada engrandece mais uma pessoa
do que assumir a responsabilidade pelos próprios erros.
Se você fez uma besteira, admita.
É impressionante como isso
faz bem.

✤

O ódio é uma maldição
que não afeta o odiado
e só envenena aquele que odeia.
Livre-se do rancor como se ele fosse um veneno.

Não aceite um emprego
só porque ele paga mais.

❉

Você pode ficar obcecado em agradar seus clientes
ou em derrotar a concorrência.
As duas alternativas funcionam,
mas a obsessão pelos clientes
o levará mais longe.

❉

"Não" é uma resposta legítima
mesmo que não venha com uma justificativa.

Separe o processo de criação
do de aprimoramento.
Você não pode escrever e editar,
esculpir e polir
nem fazer e analisar ao mesmo tempo.
Ao fazer isso, o editor detém o criador.
Quando estiver inventando, não selecione.
Quando estiver esboçando, não revise.
Quando estiver escrevendo o primeiro rascunho,
não reflita.
No começo, a mente criadora
precisa estar livre do julgamento.

❦

Se você não está tomando uns tombos de vez em quando,
é porque não está vivendo de verdade.

A verdade mais surpreendente do universo
talvez seja que
quanto mais você dá,
mais recebe.
Entender isso
é o começo da sabedoria.

❦

Esteja sempre presente.
99% do sucesso consiste em apenas estar presente.
Na verdade, a maior parte do sucesso
se deve apenas a persistência.

Ter amigos é melhor do que ter dinheiro.
Quase tudo que o dinheiro é capaz de fazer,
os amigos podem fazer melhor.
Por muitas razões, ter um amigo que tem um barco
é melhor do que ter um barco.

❊

Quando um objeto está perdido, 95% das vezes
ele está a um braço de distância
do local onde foi visto pela última vez.
Procure-o em todos os locais possíveis
dentro desse raio,
e você vai encontrá-lo.

❊

Férias + desastre = aventura.

Não tenha pressa.
Quando você está apressado,
é mais fácil ser enganado ou manipulado.

※

Perdoar é aceitar o pedido de desculpas
que você nunca vai receber.

※

Para cultivar um hábito, pare de dizer
"eu consigo/eu não consigo" e passe a dizer
"eu faço/eu não faço".
Assim você tira o peso
da escolha hesitante
e atribui ao hábito uma identidade inabalável.

Seja mais generoso do que o necessário.
Ninguém em seu leito de morte
jamais se arrependeu de doar demais.
Não faz o menor sentido
ser a pessoa mais rica do cemitério.

※

Você precisa de professores, pais,
clientes, fãs e amigos, porque
eles veem, antes mesmo de você,
a pessoa que você está se tornando.

※

Não há limites para quanto
podemos aprimorar nossa capacidade inicial.
Não há limites para melhorar.

Esteja preparado: quando tiver concluído 90%
de um grande projeto,
os detalhes finais vão precisar de mais 90%.
Casas e filmes são famosos
por terem dois 90%.

❧

Antes de envelhecer,
vá ao máximo de velórios que puder
e escute. Ninguém fala
sobre as conquistas dos que se foram.
Os outros só se lembram do tipo de pessoa
que você foi quando
estava conquistando as coisas.

Tudo que é real começa com a ficção
do que poderia ser.
A imaginação, portanto,
é a força mais poderosa do universo.
E você pode aprimorá-la.
É a única habilidade na vida que melhora
quando ignoramos o que todo mundo acha.

※

Quando uma crise surgir,
não a desperdice.
Sem problemas não há progresso.

※

Na verdade você não quer ser famoso.
Leia a biografia de qualquer pessoa famosa.

Nas férias, vá primeiro
ao lugar mais remoto do seu roteiro,
pulando de cidade em cidade,
e termine na maior cidade de todas.
Você vai maximizar o choque da diferença
no lugar mais remoto e, depois,
vai poder contar com as conveniências já conhecidas
de uma cidade movimentada no caminho de volta.

❦

Quando for convidado
para fazer algo no futuro,
pergunte a si mesmo: Eu faria isso amanhã?
Poucas promessas passam
por esse filtro do imediatismo.

Não escreva nada sobre alguém num e-mail
que você não se sentiria confortável
em dizer na frente da pessoa,
porque, em algum momento,
esse e-mail *vai* chegar nela.

❧

Se você pedir para ser contratado
só porque precisa de um emprego,
você é apenas mais um problema para o chefe.
Se você é capaz de resolver a maioria dos problemas
que o chefe tem agora,
você já está contratado.
Para ser contratado, pense como seu chefe.

❧

Não é um elogio
se vem acompanhado de um pedido.

A arte está
no que você deixa de fora.

❦

Adquirir coisas
raramente lhe trará uma satisfação profunda.
Mas adquirir experiências, sim.

❦

Você é o que você faz.
Não o que você diz,
não o que você pensa,
não como você vota,
mas aquilo a que dedica o seu tempo.

Regra dos sete para pesquisar qualquer assunto:
Você pode descobrir qualquer coisa
se estiver disposto a passar por sete níveis.
Se a primeira fonte a quem você perguntar não souber,
pergunte a ela a quem você deve perguntar,
e assim por diante.
Se estiver disposto a ir até a sétima fonte,
é quase certo que conseguirá sua resposta.

※

Para se sentir feliz,
mesmo que apenas por um instante,
faça a uma pessoa desconhecida
um elogio por algo que ela fez.

Quando alguém for
desagradável, agressivo ou maldoso com você,
trate esse comportamento como se fosse
uma doença ou um distúrbio que a pessoa tem.
Assim é mais fácil
ter empatia por ela,
e isso pode amenizar o conflito.

❋

Eliminar a bagunça
abre espaço para os verdadeiros tesouros.

❋

Nunca responda a nenhum pedido ou proposta
feita por telefone.
A urgência é um disfarce para os golpes.

A experiência é superestimada.
A maior parte das conquistas revolucionárias foi alcançada
por pessoas que fizeram algo pela primeira vez.
Portanto, na hora de contratar alguém,
procure inteligência e postura,
e depois ensine as habilidades necessárias.

❧

Como pedir desculpas:
de maneira rápida, específica e sincera.
Não estrague um pedido de desculpas se justificando.

❧

Não se dê ao trabalho de perguntar ao barbeiro
se você precisa cortar o cabelo.
Fique atento a incentivos alheios.

Aquela característica que o tornava esquisito
quando criança
pode fazê-lo se destacar na idade adulta –
desde que você não a deixe para trás.

❦

Correr atrás da felicidade
é uma receita para a paralisia se você não souber
quais são as suas paixões.
Um caminho melhor para a maioria dos jovens é
"tornar-se bom em alguma coisa".
Por meio da excelência em uma coisa,
você terá um ponto de vista privilegiado
do qual conseguirá ver onde está a sua felicidade.

❦

Para acalmar um bêbado ou uma multidão,
basta sussurrar.

Quando emprestar algo,
finja que está dando de presente.
Se devolverem,
você ficará surpreso e feliz.

❦

Você nunca é jovem demais
para se perguntar:
"Por que ainda estou fazendo isso?"
Você precisa sempre
ter uma resposta muito boa.

❦

Uma varanda
precisa ter pelo menos 2 metros de profundidade,
ou nunca será usada.

A vida fica melhor quando você
substitui transações por relacionamentos.

❧

Investir pequenas quantias de dinheiro
por muito tempo
faz milagres,
mas ninguém quer ficar rico aos poucos.

❧

O importante
é que o que é importante
continue sendo importante.

Em caso de dúvida,
dê gorjeta a mais.

❧

Para criar filhos fortes,
enfatize seu senso de pertencimento
enunciando exatamente
o que distingue a sua família.
Eles devem ser capazes de dizer com orgulho:
"Nossa família faz *tal coisa*."

❧

Se você não sente vergonha
do seu passado,
provavelmente ainda não cresceu.

Proíba a palavra "você"
nas brigas domésticas.

※

Se você tem alguma dúvida
de que vai conseguir carregar tudo de uma vez,
preste um grande favor a si mesmo
e faça duas viagens.

※

A longo prazo,
o futuro é decidido pelos otimistas.
Para ser otimista, você não precisa ignorar
à infinidade de problemas que nós criamos;
só precisa imaginar
quanto nossa capacidade
de resolvê-los vai melhorando.

Não deixe a urgência de outra pessoa
se tornar a sua emergência.
Na verdade, não se deixe levar
por urgência nenhuma.
Concentre-se no que é importante.
A urgência é uma tirana.
O que é importante é que deve ser o seu rei.
Abaixo a tirania da urgência!

✺

Aprenda a tirar uma soneca de 20 minutos
sem ficar constrangido.

Paradoxalmente,
as piores maldades do mundo
são cometidas por aqueles
que de fato acreditam estar combatendo o mal.
Esteja extremamente atento a *si mesmo*
quando tiver que enfrentar o mal.

❧

Não guarde seus elogios mais gentis
para o velório das pessoas.
Faça-os enquanto ainda estão vivas,
quando suas palavras farão diferença na vida delas.
Escreva-as em uma carta que possam guardar.

❧

O medo é alimentado pela falta de imaginação.
O antídoto para o medo não é a coragem,
e sim mais imaginação.

Treine seus funcionários bem o suficiente
para que eles sejam capazes de conseguir outro emprego,
mas trate-os bem o suficiente
para que nunca queiram sair.

❦

Se der errado no ponto em que você achava que ia dar,
não é um fracasso.

❦

Super-heróis e santos
nunca fazem arte.
Apenas seres imperfeitos podem fazer arte,
porque a arte começa na imperfeição.

Se alguém tentar convencer você
de que algo não é um esquema de pirâmide,
saiba que é, sim, um esquema de pirâmide.

❦

Não crie coisas para ganhar dinheiro;
ganhe dinheiro para poder criar coisas.
A recompensa pelo bom trabalho é mais trabalho.

❦

Depois de entrar,
deixe a porta do mesmo jeito
que estava antes.

Daqui a cem anos,
muito do que hoje acreditamos ser verdade
vai se mostrar errado, talvez até mesmo
constrangedoramente errado.
Uma boa pergunta para se fazer hoje é:
"Sobre o que eu posso estar errado?"
Essa é a única preocupação que vale a pena.

❦

Aprenda a atar um nó lais de guia.
Pratique no escuro. Com uma mão só.
Ao longo da sua vida, você vai usar esse nó
mais vezes do que imagina.

As maiores recompensas
vêm do trabalho que
ninguém tem palavras para descrever.
Se possível,
trabalhe numa área em que
não haja nomes para o que você faz.

❀

No caminho rumo a um grande objetivo,
comemore as pequenas vitórias
como se cada uma fosse o objetivo final.
Dessa forma, não importa o desfecho,
você já será vitorioso.

Em todas as coisas – exceto no amor –,
comece pela estratégia de saída.
Prepare-se para o fim.
Em quase tudo é mais fácil entrar
do que sair.

❦

Não tenha o objetivo de fazer com que gostem de você;
queira fazer com que respeitem você.

❦

A base da maturidade:
não é porque a culpa não é sua
que a questão não é sua responsabilidade.

❦

É preciso ter uma infinidade de ideias ruins
para chegar a uma ideia boa.

Ao prever o futuro, a parte difícil
é deixar de lado
todas as suas expectativas.

❧

Elogie as pessoas pelas costas,
pois tudo que vai
volta.

❧

A maioria dos sucessos instantâneos
– na verdade, qualquer sucesso significativo –
leva pelo menos cinco anos.
Organize sua vida com isso em mente.

O papel dos avós
é serem avós, não pai nem mãe.
Casa dos pais, regras dos pais.
Casa dos avós, regras dos avós.

✼

Você não precisa de mais tempo,
porque já tem todo
o tempo do mundo;
você precisa é de mais foco.

✼

A pessoa tola acaba
fazendo no final
o que a pessoa inteligente faz
desde o começo.

Para ter felicidade conjugal,
revezem-se em deixar
o outro ter razão.

❧

Se o preço de uma coisa
não é divulgado,
isso é sinal de que ela custa
mais do que você pode pagar.

❧

O tempo de todo mundo é finito e cada vez menor.
A maior vantagem
que você pode obter com seu dinheiro
é comprar o tempo de outra pessoa.
Contrate e terceirize sempre que puder.

A melhor resposta a um insulto é
"Talvez você tenha razão".
E muitas vezes tem mesmo.

❦

Sempre presuma que qualquer um que peça seus dados
por qualquer motivo
está tentando roubá-lo,
a menos que se prove inocente.
A forma de provar a inocência é você ligar de volta
ou fazer login no site que você conhece,
não no que foi fornecido por eles.
Não se identifique de nenhuma forma
quando entrarem em contato com você
por telefone, mensagem ou e-mail.
Você precisa estar no controle da situação.

O medo leva as pessoas a fazerem coisas idiotas,
então não confie em nada feito com medo.

❧

Seja severo consigo mesmo e compreensivo com os outros.
O inverso disso é um inferno para todo mundo.

❧

Se você conseguir deixar de buscar a aprovação alheia,
seu poder será infinito.

❧

Suas paixões devem ser do seu tamanho,
mas seu propósito na vida deve ser maior que você.
Trabalhe em algo
muito maior do que você.

Quando uma criança pergunta uma
sequência interminável de
porquês, a melhor resposta é:
"Não sei, o que você acha?"

☙

Receita para o sucesso:
prometa pouco e entregue muito.

☙

Mostre-me sua agenda
e eu lhe direi suas prioridades.
Diga-me quem são seus amigos
e eu lhe direi aonde você está indo.

Ao fazer brainstorming
e improvisar com os outros,
você irá muito mais longe e mais fundo
se aproveitar cada contribuição
com um "Sim, e..."
e não com um "Não, mas...".

❦

Trabalhe para tornar-se, não para comprar.

❦

Contemplar as fraquezas dos outros
é fácil;
contemplar as próprias fraquezas
é difícil, mas a recompensa é muito maior.

Enquanto for jovem,
tenha amigos mais velhos;
quando for velho,
tenha amigos mais jovens.

❦

Você terá cumprido sua missão na vida
quando descobrir
qual é a sua missão na vida.
Seu propósito é descobrir o seu propósito.
Isso não é um paradoxo.
Esse é o caminho.

❦

Ao manusear objetos afiados,
corte sempre no sentido contrário a seu corpo.

A calma é contagiosa.
Esteja calmo para ajudar os outros.

❧

Quando uma pessoa lhe diz que algo está errado,
ela geralmente está certa.
Quando uma pessoa lhe diz como consertar,
ela geralmente está errada.

❧

Quanto maior a frequência
com que você muda de ideia,
mais jovem você é.

❧

Ao pedir carona,
aja como você gostaria que agisse
a pessoa que lhe desse a carona.

Vale a pena repetir: meça duas vezes, corte uma.

※

O dinheiro é superestimado.
Coisas verdadeiramente novas em geral não exigem
muito dinheiro. Se assim fosse,
apenas bilionários inventariam
coisas novas, e não é assim. Em vez disso, quase todas
as inovações são criadas por pessoas que
não têm dinheiro. Se inovações pudessem ser
compradas, os ricos as comprariam.
Paixão, persistência, crença e
engenhosidade é que são necessárias
para inventar coisas novas,
qualidades que os pobres e jovens costumam ter
em abundância. Continue ávido.

Se você precisa desesperadamente de alguma coisa
mas não sabe o quê,
essa coisa provavelmente é sono.

❀

Ignore o que os outros podem estar pensando de você,
porque eles não estão pensando em você.

❀

Escrever todos os dias uma coisa
pela qual você é grato
é a terapia mais acessível que existe.

❀

Se você encontrar um idiota, ignore-o.
Se encontrar idiotas em todos os lugares, todos os dias,
olhe um pouco para dentro de si mesmo.

É muito mais fácil
mudar seu pensamento
mudando seu comportamento
do que mudar o seu comportamento
mudando o seu pensamento.
Ponha em prática a mudança que você deseja.

❧

Se você acha que viu um rato, você viu.
E, se tem um, tem vários.

❧

Não se preocupe com seu ponto de partida.
Contanto que você continue em movimento,
o sucesso chegará quando você estiver
bem longe do ponto de partida.

Evite ativar a função soneca.
Isso só condiciona você a perder a hora.

❊

Você vai descobrir muito mais
sobre as pessoas se perguntar a elas
"Como você tem dormido?"
em vez de "Como você está?".

❊

Em geral, fale menos do que o necessário.

❊

Cada vez que você encontrar as pessoas,
ofereça a elas uma bênção;
assim elas ficarão felizes em vê-lo
quando você aparecer com um problema.

Mesmo nos trópicos faz mais frio à noite
do que você imagina. Ponha um agasalho na mala.

❋

O trabalho em qualquer projeto valioso é
interminável, infinito.
Você não pode limitar o trabalho,
então deve limitar suas horas.
A única coisa que você pode administrar
é seu tempo, não o trabalho.

❋

Você pode diminuir sua irritação
em relação a uma crença idiota
aumentando a compreensão
do motivo pelo qual a pessoa acredita naquilo.

Este é o melhor momento
para fazer alguma coisa.
Nenhuma das criações maiores e mais bacanas
de daqui a 20 anos foi inventada ainda.
Não é tarde demais.

❦

Para transcender a influência de seus heróis,
copie-os descaradamente, como um estudante,
até eliminá-los do seu organismo.
Esse é o caminho de todos os mestres.

❦

As coisas não precisam ser perfeitas
para serem maravilhosas.
Especialmente as festas de casamento.

Quando estiver estagnado, espere até o dia seguinte.
Dê uma tarefa para seu inconsciente fazer
enquanto você dorme.
E você terá uma resposta ao acordar.

※

Todos os maiores prêmios da vida
em termos de riqueza, relacionamentos ou conhecimento
vêm da magia dos juros compostos,
que amplificam ganhos pequenos mas constantes.
Para ter abundância, você só precisa
acrescentar sempre 1% a mais do que tirou,
regularmente.

※

Você pode comer qualquer sobremesa que quiser,
desde que sejam apenas três garfadas.

Não trate mal as pessoas más.
Trate-as com a bondade que você carrega em si.

❦

As crianças aceitam perfeitamente as regras da família
– e anseiam por elas.
"Na nossa família, temos a regra X"
é a única justificativa de que um pai ou mãe precisa
para estabelecer normas familiares.
Na verdade, "Eu tenho a regra X"
é a única justificativa de que você precisa
para estabelecer normas pessoais.

❦

Quando se deparar com um parafuso emperrado,
lembre-se:
direita aperta, esquerda solta.

Coisas ruins podem acontecer rápido,
mas quase todas as coisas boas acontecem devagar.

❦

Não somos um corpo
que carrega uma alma.
Somos uma alma que recebeu um corpo
que não escolhemos e que
está sob os nossos cuidados.

❦

Se o seu objetivo não tem um cronograma,
ele é apenas um sonho.

Seja um bom ancestral.
Faça algo em benefício
das gerações futuras.
Plantar uma árvore é muito simples.

❋

As pessoas não se lembram de
mais de três tópicos de um discurso.

❋

Inovações gigantescas só não acontecem
porque parecem trabalhosas demais.

❋

Para ser memorável, leia livros.

Jogos finitos são jogados
para ganhar ou perder.
Jogos infinitos são jogados
para manter o jogo correndo.
Procure jogos infinitos,
porque eles rendem recompensas ilimitadas.

❧

Para ter sucesso, faça com que outras pessoas lhe paguem;
para ficar rico, ajude outras pessoas
a ter sucesso.

❧

O que muda o mundo não são suas opiniões,
e sim seu comportamento.

Um problema que pode ser facilmente resolvido
com dinheiro
não é um problema de verdade,
porque sua solução é óbvia.
Concentre-se nos problemas sem soluções óbvias.

❧

Toda pessoa que você conhece
sabe muito sobre algum assunto
do qual você não sabe praticamente nada.
Não será óbvio,
e cabe a você descobrir que assunto é esse.

❧

Desenvolva alergia às coisas medianas.

Para combater um adversário,
torne-se amigo dele.

❋

Se você está comprando ações, a pessoa que as vende
acha que elas valem menos do que você pensa.
Se você está vendendo, a pessoas que compra
acha que elas valem mais do que você pensa.
Sempre que estiver prestes a
comprar ou vender ações,
pergunte a si mesmo:
"O que eu sei que os outros não sabem?"

❋

Você não se casa com uma pessoa,
você se casa com uma família.

Seja legal com seus filhos,
porque eles vão escolher seu asilo.

❧

Cerca de 99% das vezes,
a hora certa é agora.

❧

Todas as armas estão carregadas.

❧

Cultive 12 pessoas que te amam,
porque elas valem mais que
12 milhões de pessoas que curtem você.

Seja sempre rápido em dar crédito
e assumir a culpa.

❦

Seja frugal em todas as coisas,
exceto em suas paixões.
Selecione alguns poucos interesses
com os quais você gaste o seu dinheiro com prazer.
Na verdade, seja econômico em todos os aspectos,
para *poder* esbanjar nas suas paixões.

❦

Para lidar consigo mesmo, use a cabeça;
para lidar com os outros, use o coração.

Dance movimentando o quadril.

❧

Não deixe sua caixa de entrada de e-mail
virar uma lista de tarefas controlada por terceiros.

❧

A melhor maneira de desfazer um emaranhado
não é "desatando" cada nó, mas abrindo-os mais e mais.
Deixe o emaranhando o mais solto e aberto que conseguir.
À medida que for abrindo os nós,
eles vão se desfazer sozinhos.
Funciona com cabos, cordas, mangueiras e fios.

Pegue uma coisa simples
– qualquer coisa que seja –
e a leve extremamente a sério,
como se fosse a única coisa no mundo
– ou talvez como se o mundo inteiro
estivesse dentro dela –
e, ao levá-la a sério,
você iluminasse o céu.

⚜

Ao fazer qualquer coisa,
tenha à mão elementos de sobra –
material extra, peças extras, espaço extra,
acabamento extra.
Os extras servem como garantia no caso de erros,
diminuem o estresse
e compõem um estoque para o futuro.
São a forma mais barata de seguro.

Ninguém está tão impressionado com
as suas posses quanto você.

❦

Jamais trabalhe para alguém
que você não queira se tornar.

❦

Não tenha segredos. É muito melhor
dar notícias indesejadas diretamente.
Um segredo raramente é tão secreto assim
e, cedo ou tarde, alguém vai falar demais.
Nesse meio-tempo, ele vai corroendo
todos aqueles que os estão guardando.
Evite aceitar segredos.

O universo em expansão está
transbordando de abundância.
É tão pleno que muitas vezes
a melhoria só pode ser obtida por subtração.
Continue a tirar, até não poder mais.
Pare de querer mais e queira menos.

※

Descubra em que hora do dia você é
mais produtivo e proteja esse intervalo de tempo.

※

Experiências são divertidas
e ter influência é gratificante,
mas só a relevância nos torna felizes.
Faça coisas que importam.

A excelência é incompatível
com a otimização a curto prazo.
Para alcançar a excelência,
você precisa de uma visão de longo prazo.
Expanda seu horizonte de tempo para
aprimorar seu objetivo.

❋

A maioria das coisas maravilhosas
rapidamente perde a graça
se for repetida com muita frequência.
"Uma vez na vida" costuma ser o ideal.

❋

Quando você abre uma lata de tinta,
mesmo que seja um pouquinho,
ela sempre encontra um jeito
de sujar as suas roupas,
por mais cuidadoso que você seja.
Lembre-se disso ao se vestir.

Siga as regras com disciplina primeiro,
para saber quebrá-las de forma produtiva.

❧

Se você parar para ouvir um músico
ou artista de rua por mais de um minuto,
você já lhe deve algum dinheiro.

❧

Aprender probabilidade e estatística
é muito mais útil
do que álgebra e cálculo.

❧

Se ganhar um jogo se tornar
importante demais,
mude as regras para torná-lo mais divertido.
Mudar as regras pode se tornar o novo jogo.
O maior professor se chama "ação".

Qualquer coisa que você disser antes
da palavra "mas" não conta.

❧

Cortesia não custa nada.
Quando pegar algo emprestado, devolva-o limpo.
Abaixe o assento do vaso sanitário depois de usá-lo.
Dê passagem no trânsito.
Devolva os carrinhos do supermercado à área designada.
Deixe as pessoas no elevador saírem
antes de você entrar.
Essas cortesias são gratuitas.

❧

Sempre que houver uma discussão
entre dois lados,
encontre o terceiro.

A regularidade dos seus esforços
(exercícios, relacionamentos, trabalho)
é mais importante do que a quantidade.
Nada supera as pequenas coisas feitas todos os dias,
que são muito mais importantes
do que aquelas que você faz de vez em quando.

❖

Quando você lidera,
seu verdadeiro trabalho é criar novos líderes,
não novos seguidores.

❖

É dever do professor
extrair o máximo do aluno
e dever do aluno
extrair o máximo do professor.

A eficiência é altamente superestimada;
o ócio é altamente subestimado.
Domingos, períodos sabáticos,
férias, pausas, caminhadas sem rumo
e folgas regulares são essenciais para
melhorar o desempenho
no que quer que seja.
A melhor ética de trabalho
exige uma boa ética de descanso.

❦

Fale com confiança como se estivesse certo,
mas ouça com atenção como se estivesse errado.

❦

A produtividade costuma ser uma distração.
Não busque melhores formas de concluir
suas tarefas o mais rápido possível.
Em vez disso, busque tarefas melhores,
que você nunca queira parar de fazer.

O prazer de viajar é inversamente
proporcional ao tamanho da sua bagagem.
Isso é 100% verdadeiro na hora de fazer um mochilão.
É libertador perceber
que você precisa de muito pouco.

❦

Peça dinheiro aos investidores,
e eles lhe darão conselhos;
peça conselhos,
e eles lhe darão dinheiro.

❦

A maior mentira que contamos a nós mesmos é
"Não preciso anotar isso porque vou me lembrar depois".

Critique em particular, elogie em público.

❦

Não cometa sempre os mesmos erros;
tente cometer erros novos.

❦

Seu grau de maturidade é
medido pelo número
de conversas desconfortáveis
que você está disposto a ter.

❦

Medida prática: a distância entre
a ponta dos dedos com os braços estendidos para os lados
é aproximadamente igual à sua altura.

Não compre nada tarde da noite.
Não há nenhuma compra
que não possa ser feita no dia seguinte.

※

Quando tiver boas
e más notícias, dê as más primeiro,
porque costumamos nos lembrar mais
do fim das coisas do que do começo.
Portanto, refine o final com as boas notícias.

※

Pague imediatamente o que você deve
a fornecedores, funcionários, prestadores de serviço.
Eles farão de tudo
para trabalhar com você na próxima oportunidade.

As cinco palavras mais importantes
em qualquer negociação devem ser ditas por você:
"Você consegue melhorar sua oferta?"

❧

Você precisa de três coisas:
da capacidade de não desistir até dar certo,
da capacidade de desistir do que não está dando certo
e da confiança nos outros
para ajudá-lo a distinguir entre as duas.

❧

Não existe melhor remédio
para a sua família
do que refeições frequentes
sem celular à mesa.

Não existe isso de "chegar na hora".
Ou você está atrasado ou está adiantado.
A escolha é sua.

※

A criação artística não é egoísta;
ela é para todo mundo.
Se você não faz a sua parte,
está nos privando dela.

※

Em uma situação real de sobrevivência,
você pode passar três semanas sem comida
e três dias sem água,
mas apenas três horas sem calor ou sem sombra.
Portanto, não se preocupe com a comida.
Concentre-se na temperatura e na água.

Quando você estiver errado,
seja rápido em se repreender com mais severidade
do que o ofendido poderia fazer.
Paradoxalmente, isso pode abrandar a raiva dele.

❦

Aprenda a estar sozinho sem estar solitário.
A solidão é essencial à criatividade.

❦

Quando tiver vontade de desistir,
use a regra dos cinco:
mais cinco minutos, mais cinco páginas,
mais cinco passos. Repita. Às vezes
você consegue se superar e seguir em frente,
mas, mesmo que não consiga, você fez cinco a mais.
Diga a si mesmo que vai desistir só amanhã,
hoje não.

Nunca pergunte a uma mulher se ela está grávida.
Deixe que ela lhe conte.

❋

O que você faz nos seus dias ruins
é mais importante
do que o que você faz nos seus dias bons.

❋

Pergunte a qualquer pessoa que você admira:
seus golpes de sorte aconteceram durante um desvio
de seus objetivos principais.
Portanto, abrace os desvios.
A vida não é uma linha reta para ninguém.

Para ficar rico,
você não precisa ganhar mais dinheiro;
o que precisa é administrar melhor
o dinheiro que já está nas suas mãos.

❧

Ao falar em público,
faça pausas com frequência.
Faça uma pausa antes
de dizer algo de uma maneira nova,
faça uma pausa depois
de dizer algo que você acredita ser importante
e faça uma pausa
para permitir que os ouvintes assimilem os detalhes.

A melhor maneira de conseguir
uma resposta correta na internet
é postar uma resposta obviamente errada
e esperar que alguém a corrija.

❧

Você obtém resultados dez vezes melhores
ao recompensar o bom comportamento
do que ao punir o mau comportamento,
sobretudo com crianças e animais.

❧

Gaste o mesmo tempo pensando no assunto de um e-mail
que para escrever a própria mensagem,
porque em geral as pessoas só leem o assunto.

Ao verificar as referências de um candidato
a uma vaga, pode ser que o empregador atual
seja proibido de dar opiniões negativas.
Por isso, envie uma mensagem dizendo:
"Entre em contato se você acha que este
é um ótimo candidato."
Se não responderem, considere isso uma negativa.

❧

Não espere a tempestade passar;
dance na chuva.

❧

Produza coisas que façam bem às pessoas que as têm.

Quando estiver hospedado num hotel,
deixe todas as suas coisas no mesmo lugar e à vista,
não em gavetas.
Assim você nunca vai deixar nada para trás.
Se precisar tirar alguma coisa do lugar,
como um carregador,
coloque outros itens grandes perto dele,
porque é menos provável
você esquecer três itens do que apenas um.

❦

Recusar ou rechaçar um elogio é uma grosseria.
Aceite-o com gratidão, mesmo se não achar que o merece.

❦

Leia sempre a placa
ao lado do monumento.

Quando você conquista alguma coisa, pode aparecer
a síndrome do impostor.
A quem eu estou enganando?
Porém, quando cria coisas que só você
poderia ter feito, com os talentos e as experiências
que só você tem, você não é um impostor coisa nenhuma.
Você é o escolhido.
Seu destino é trabalhar em coisas que só você pode fazer.

※

Para que as crianças se comportem
durante uma viagem de carro,
leve um saco do doce preferido delas
e jogue um pela janela (sem o papel)
toda vez que se comportarem mal.

Quando você não souber quanto pagar
por um determinado serviço,
pergunte à pessoa "Quanto seria justo pagar?",
e a resposta dela geralmente será justa.

❋

A estratégia na hora de comprar imóveis
é comprar o pior imóvel na melhor rua.

❋

Não há como fazer pessoas inteligentes
se esforçarem apenas por dinheiro.

❋

Metade de ser bem-instruído
é saber o que ignorar.

Se você está fazendo algo
escondido dos outros,
provavelmente não é bom para você.

❦

Quando precisar cortar algo
com extrema precisão,
não tente cortar de uma vez só.
Corte um pouco maior
e vá aparando pouco a pouco, até ficar perfeito.

❦

Faça os outros se sentirem importantes;
isso vai melhorar o dia deles – e o seu também.

Sempre procure zonas de
interseção de ideias e se mantenha dentro delas.
As divergências vão se transformar em raridade.

❦

90% de tudo é uma porcaria.
Se você acha que não gosta de ópera, histórias românticas,
TikTok, música country, comida vegana, NFTs,
insista até ver se consegue achar os 10%
que não são uma porcaria.

❦

Você será julgado pela forma como trata as pessoas
que não podem fazer nada para você.

Tendemos a superestimar
o que podemos fazer em um dia
e a subestimar
o que podemos alcançar em uma década.
É possível fazer milagres
se você tiver dez anos para se dedicar.
Um plano de longo prazo multiplica
exponencialmente os pequenos ganhos,
chegando a superar até mesmo os grandes erros.

※

Demonstre a uma pessoa
que você se lembra do nome dela
e ela jamais esquecerá o seu.
Para se lembrar do nome,
repita-o a primeira vez que o ouvir.

Seu melhor emprego
será aquele para o qual você não está qualificado,
porque o obrigará a se esforçar.
Aliás, só se candidate a vagas
para as quais não for qualificado.

※

Você pode ser o que quiser,
então seja a pessoa que termina as reuniões cedo.

※

Compre livros usados.
Eles contêm as mesmas palavras que os novos.
Ah, e também frequente bibliotecas.

Um sábio certa vez disse: Antes de falar,
faça com que suas palavras passem por três portões.
No primeiro, pergunte a si mesmo: "Isso é verdade?"
No segundo, pergunte: "Isso é necessário?"
No terceiro, pergunte: "Isso é gentil?"

※

A única forma produtiva de responder à pergunta
"O que devo fazer agora?"
é primeiro abordar a questão:
"Quem eu devo me tornar?"

※

Ao embarcar em um avião, ao chegar a seu quarto de hotel
ou ao começar em um emprego novo,
procure as saídas de emergência.
Leva apenas um minuto.

Os melhores conselhos de investimento:
retornos medianos, se mantidos por períodos
acima da média, produzem resultados extraordinários.
Compre e guarde.

※

Use as escadas.

※

O que você efetivamente paga por uma coisa
pode ser o dobro do preço na etiqueta, porque a energia,
o tempo e o dinheiro necessários para montar,
entender, manter,
consertar e depois jogar fora têm seu próprio custo.
Nem todos os custos aparecem na etiqueta.

Se um aluno está com dificuldades,
a primeira coisa a fazer é levá-lo ao oftalmologista.

❦

É emocionante ser extremamente educado
com desconhecidos grosseiros.

❦

A maioria dos artigos e matérias melhora
significativamente
se você excluir a primeira página do original.
Comece pela ação.

Ser passado para trás de vez em quando
é o pequeno preço que se paga por
esperar o melhor de todo mundo,
porque, quando você espera o melhor dos outros,
eles geralmente te tratam melhor.

※

É possível que uma pessoa não tão inteligente
que saiba se comunicar bem
se saia bem melhor do que uma pessoa muito inteligente
que não consegue se comunicar bem.
Isso é ótimo,
porque é muito mais fácil melhorar
suas habilidades de comunicação
do que sua inteligência.

Preste atenção: se você se perguntar
"Onde está minha faca boa?"
ou "Onde está minha caneta boa?",
isso significa que você tem facas e canetas ruins.
Livre-se delas.

❦

Para obter os melhores resultados com seus filhos,
gaste apenas metade do dinheiro
que você acha que deveria,
mas passe o dobro de tempo com eles.

❦

Evite usar chapéus
que tenham mais personalidade do que você.

Ao olhar para o futuro, concentre-se na direção,
não no destino.
Mantenha a direção certa
e você vai chegar aonde deseja.

✤

Arte é tudo o que você conseguir dizer que é.

✤

Compre o guia turístico mais recente
da sua cidade ou região.
Você vai aprender muita coisa
brincando de turista uma vez por ano.

Para se tornar um herói, agradeça a um professor
que fez a diferença em sua vida.

❧

Quando for comprar uma mangueira de jardim,
uma extensão de tomada ou uma escada,
escolha uma substancialmente maior
do que você acha que precisa.
Vai ser o tamanho certo.

❧

Quando estiver perdido,
explique aos outros o seu problema.
Com frequência, o simples ato de relatar um problema
trará uma solução.
Inclua a "explicação do problema"
no seu processo de solução de problemas.

Não entre em fila para comer algo famoso.
Raramente vale a pena.

❀

Quando for apresentado a alguém,
faça contato visual e conte até quatro
ou diga para si mesmo: "Eu vejo você."
Vocês dois vão se lembrar um do outro.

❀

Você pode conquistar coisas incríveis,
muito além das suas possibilidades,
simplesmente ao mostrar
apreço pelas pessoas.

Seja profissional. Faça backup do seu backup.
Tenha pelo menos um backup físico
e um backup na nuvem.
Tenha mais de um de cada.
Quanto você pagaria para recuperar todos os seus dados,
fotos e anotações se os perdesse?
Backups são baratos em comparação
com o arrependimento.

❧

Receita para um sucesso de público:
faça algo esquisito.
Faça da esquisitice um hábito.

Seu tempo e espaço são limitados.
Elimine, doe, jogue fora tudo o que
não lhe traz mais alegria,
para abrir espaço para o que traz.

❦

Para sinalizar uma emergência,
use a regra do três:
três gritos, três buzinadas ou três assobios.

❦

Não compare o seu interior
com o exterior de outra pessoa.

Explorar ou otimizar?
Você otimiza o que sabe que é garantido
ou explora algo novo?
Você pede um prato no restaurante
que tem certeza que é incrível (otimiza)
ou experimenta algo novo?
Você sempre sai com pessoas novas (explora)
ou tenta se comprometer com alguém que já conhece?
O equilíbrio ideal para explorar coisas novas
versus otimizar as já encontradas é de um terço.
Gaste um terço do seu tempo explorando
e dois terços otimizando e aprofundando.
À medida que você amadurece,
é mais difícil dedicar tempo à exploração,
porque ela parece improdutiva, mas mire em um terço.

De vez em quando, sua primeira ideia é a melhor,
mas geralmente é a quinta.
Tire do caminho
todas as ideias óbvias.
Tente surpreender a si mesmo.
Não se dê ao trabalho de lutar contra o velho,
simplesmente construa o novo.

❦

Grandes oportunidades de verdade
não vêm com "Grandes oportunidades"
escrito no assunto do e-mail.

Quando uma pessoa lhe falar
sobre o suposto auge da história humana,
o período em que tudo estava bem
antes de ir ladeira abaixo,
é sempre o ano em que ela tinha 10 anos –
que é o auge da existência de qualquer ser humano.
Considere isso ao ouvi-la.

※

Para revelar rapidamente o verdadeiro caráter
de uma pessoa que você acabou de conhecer,
observe-a diante de uma conexão de internet
extremamente lenta.

Na preparação para uma longa caminhada,
calçados velhos de qualquer tipo são superiores
a calçados novos de qualquer tipo.
Não tente amaciar um calçado em uma longa caminhada.

❧

Ao negociar,
não mire em obter uma fatia maior do bolo;
mire em criar um bolo maior.

❧

Você é tão grande quanto o que te deixa com raiva.

Você vê apenas 2% da outra pessoa,
e ela vê apenas 2% de você.
Entre em sintonia com os 98% ocultos.

❧

Nossos descendentes vão conquistar coisas
que nos deixarão impressionados,
mas parte do que eles vão criar
poderia ter sido feita com materiais e ferramentas de hoje
se tivéssemos a imaginação necessária.
Pense grande.

Faça mais das coisas que parecem trabalho para os outros
mas são diversão para você.

❧

Se você quer que uma coisa seja feita,
peça a uma pessoa atarefada.

❧

Lembre-se de que os consertos
demoram o triplo do esperado,
mesmo quando você já espera
que demorem o triplo.

Copiar os outros
é uma boa maneira de começar.
Copiar a si mesmo
é uma péssima maneira de terminar.

※

Se você repetisse 365 vezes
tudo que fez hoje,
estaria onde deseja no ano que vem?

O melhor momento para negociar
seu salário em um novo emprego é
depois de eles dizerem que querem você,
não antes.
Então ambos os lados fazem de tudo
para não serem os primeiros a dizer um valor,
mas você sairá em vantagem se forem eles.

※

Preste atenção no que
você presta atenção.

Para obter os melhores resultados,
concentre-se nas suas maiores oportunidades,
não nos seus maiores problemas.

❦

Num primeiro momento,
toda inovação
é risível e ridícula.
Aliás, se não tiver começado
como uma ideia risível e ridícula,
não é uma inovação.

Ler para seus filhos regularmente
é a melhor escola que eles podem ter.

※

Se você não fumava antes dos 25 anos,
é pouco provável que comece;
se já fumava antes dos 25,
é pouco provável que pare.

Não importa quantas pessoas
não apreciam você ou seu trabalho.
A única coisa que importa é quantas apreciam.

❦

Após um acidente de carro,
é muito mais seguro permanecer dentro do veículo
do que ficar parado perto dele na estrada,
onde o acidente aumenta as chances de haver
outro acidente.

Quando estiver procurando emprego, lembre
que, em algum lugar, um empregador está
desesperadamente procurando alguém como você,
sobretudo se você não for convencional.
Seu verdadeiro trabalho é fazer esse encontro acontecer,
e ele vale a pena, não importa quanto tempo leve.

❧

Em vez de orientar sua vida
para evitar o inesperado,
mire diretamente nele.

Não vá ao mercado com fome.

❦

Se suas opiniões sobre um assunto
podem ser previstas a partir
de suas opiniões sobre outro assunto,
você pode estar preso nas garras de uma ideologia.
Quando você pensa por si mesmo,
suas conclusões não são previsíveis.

❦

Você pode mudar de verdade a vida
de alguém para melhor
simplesmente oferecendo palavras de incentivo.

Quando se deparar com uma tarefa
que pode ser concluída em dois minutos ou menos,
faça-a imediatamente.

⁂

Quanto mais fortes forem as suas crenças,
mais fortes serão suas razões
para questioná-las regularmente.
Não acredite em tudo em que
você acha que acredita.

Quando um cliente seu reclamar,
sempre peça desculpa primeiro e em seguida pergunte:
"O que podemos fazer para resolver isso?",
mesmo que não seja culpa sua.
Agir como se o cliente estivesse certo
é um pequeno imposto a se pagar
para fazer seu negócio crescer.

※

Se você emprestar vinte pratas
e nunca mais encontrar a pessoa
porque ela está evitando pagá-lo,
isso já valeu as vinte pratas.

Um superpoder que vale a pena cultivar
é o de aprender com pessoas de quem você não gosta.
O nome disso é "humildade".
É a coragem de permitir que pessoas burras,
idiotas, agressivas, loucas e mesquinhas
lhe ensinem algo, porque, apesar das
falhas de caráter que têm,
todas elas sabem alguma coisa que você não sabe.

※

Se estiver alugando um carro com cartão de crédito,
é possível que o próprio cartão já ofereça um seguro.
Informe-se antes.

Para cada coisa boa que você ama,
pergunte a si mesmo qual é a dose adequada.

❦

Regra dos trilheiros:
não pise no que você pode pular;
não pule o que você pode contornar.

❦

O truque para tomar decisões sábias
é avaliar suas escolhas
como se estivesse olhando para o dia de hoje
25 anos depois.
O que o seu eu do futuro pensaria?

Para ser interessante,
basta contar sua própria história
com sinceridade incomum.

❧

Ao falar para uma plateia,
é melhor fixar o olhar em algumas pessoas
do que "espalhar" seu olhar pela sala.
Seus olhos entregam aos outros
se você acredita mesmo no que está dizendo ou não.

A principal razão
para produzir algo todos os dias
é que você tem que jogar fora muito trabalho bom
para alcançar o ótimo.
Para se desapegar com mais facilidade,
você precisa estar convencido
de que tem mais "de onde saiu isso".
Você consegue isso ao produzir constantemente.

※

O verdadeiro teste de caráter
não é como você lida com a adversidade –
embora isso lhe ensine muito.
O verdadeiro teste é como você lida com o poder.
A única cura para o poder é a humildade
e o reconhecimento de que seu poder é fruto de sorte.
A pessoa pequena acredita que é superior;
a pessoa superior sabe que tem sorte.

Você vai prosperar mais
– e os outros também –
quando promover o que ama,
em vez de criticar o que odeia.
A vida é curta; concentre-se nas coisas boas.

※

Ao dividir alguma coisa, uma pessoa corta
e a outra escolhe.

É fácil ficar preso ao próprio sucesso.
Diga não para as tarefas nas quais você
provavelmente não vai fracassar,
e diga sim para aquelas em que existe essa possibilidade.

※

A infelicidade vem
de querer o que os outros têm.
A felicidade vem
de querer o que você já tem.

Ao mexer com eletricidade,
lembre-se: os volts machucam, mas os amperes matam.

※

Para transmitir sua mensagem,
siga esta fórmula usada
por redatores publicitários no mundo todo:
simplifique, simplifique, simplifique, depois exagere.

Preste atenção em
quem está por perto
quando você se sente muito bem.
Esteja com essas pessoas com mais frequência.

❦

Presuma que ninguém lembra seu nome.
Como forma de gentileza,
reapresente-se mesmo para quem você já conheceu:
"Oi, eu sou o Kevin."

❦

O que você faz em vez de trabalhar
pode se tornar seu verdadeiro trabalho.

A melhor coisa
que você pode fazer pelos seus filhos
é amar seu cônjuge.

❧

Seu maior prêmio
é ser capaz de ver as coisas
do ponto de vista dos outros.
Essa mudança permite a empatia legítima.
Ela também lhe permite convencer os outros
e é a chave para um ótimo design.
Dominar a visão pelos olhos dos outros
abre muitas portas.

Se você acha que algo
é óbvio e "não precisa nem dizer",
geralmente é melhor para todo mundo
que você diga mesmo assim.

❧

Para meditar, sente-se
e preste atenção na sua respiração.
Sua mente vai vagar pelos pensamentos.
Então você traz sua atenção de volta
para sua respiração,
onde ela não pode pensar.
Vagar. Trazer de volta.
Continue voltando à respiração,
sem pensamentos.
É só isso.

Daqui a cinco anos
você vai desejar ter começado hoje.

❧

Se todos nós jogássemos nossos problemas
em uma grande pilha
e víssemos os problemas de todos os outros,
imediatamente pegaríamos os nossos de volta.

Seu coração precisa ser
tão instruído quanto a sua mente.

❦

Você não pode mudar seu passado,
mas pode mudar a história que conta sobre ele.
O que importa não é
o que aconteceu com você,
mas o que você *fez* com isso.

Para ter uma ótima viagem, vá em direção a
um interesse, não um lugar.
Viaje para paixões, não para destinos.

❦

Deixe seus filhos
escolherem o castigo deles.
Eles serão mais severos do que você.

No jardim,
compre um vaso de cem pratas
para uma planta de dez.

❦

Abrace totalmente a pergunta
"Qual é a *pior* coisa que pode acontecer?"
em todos os momentos decisivos da vida.
Ensaiar sua resposta ao "pior"
pode revelar que tudo é uma aventura
e anular o potencial que aquilo tem de paralisá-lo.

Faça um rascunho para jogar no lixo.
A única maneira de escrever um grande livro
é primeiro escrever um livro horrível.
O mesmo vale para filmes, músicas, móveis
ou qualquer coisa.

⚜

Para metas ousadas,
meça seu progresso a partir de onde você começou,
não do ponto aonde precisa chegar.

Você aumenta suas chances
de remover a mancha de uma roupa
se a mantiver molhada ao longo do processo.
É muito mais difícil depois que ela seca.

※

A raiva não é a resposta adequada à raiva.
Quando vê uma pessoa com raiva,
você está vendo a dor dela.
A compaixão
é a resposta adequada à raiva.

※

Quando encontrar algo de que goste de verdade,
faça devagar.

Ignore cães que latem.
Esteja atento ao cachorro que se aproxima sem latir.
Esse é o que morde.

✤

Supondo que você seja mediano,
metade do mundo
será menos capacitada do que você.
Sem que tenham culpa,
muitas dessas pessoas não conseguirão
lidar com formulários,
instruções complexas nem situações difíceis.
Seja gentil com elas, porque o mundo não é.

Seus defeitos e suas qualidades
são dois polos das mesmas características.
Por exemplo, existe uma diferença minúscula
entre teimosia e perseverança,
ou entre coragem e estupidez.
A única diferença está na meta.
É teimosia idiota
e estupidez inconsequente
se a meta não for importante, e
perseverança e coragem
implacáveis, se for.
Para lidar com seus defeitos com dignidade,
admita que os tem e
só insista nas coisas que importam.

O fim quase sempre
é o começo de algo melhor.

※

É impossível
ficar pobre doando.
É impossível
ficar rico sem doar.

※

Faça um esforço
para pedir críticas construtivas desde o início.
Você quer saber o que não está funcionando
o mais rápido possível.
Quando estiver pronto,
não será mais possível consertar.

Para melhorar sua oratória,
assista à gravação de um discurso seu.
É chocante e doloroso,
mas uma maneira eficaz de melhorar.

❧

Não atribua à malícia
o que pode ser explicado pela incompetência.

❧

A preocupação é inútil.
É certo que 99% das coisas
que te preocupam não vão acontecer.

Você pode ignorar qualquer site
com a palavra "verdade" no endereço.

❧

Seja extremamente mesquinho na hora de fazer promessas,
porque você deve ser generoso na hora de cumpri-las.

❧

Ter uma visão clara do futuro
não significa que a distância seja curta.

Um pedido adequado de desculpas
consiste em comunicar os três Rs:
remorso (empatia genuína),
responsabilidade (não culpar os outros)
e reparação (seu desejo de consertar as coisas).

❧

A melhor forma de aconselhar os jovens
é descobrir o que eles de fato querem fazer
e aconselhá-los a fazer exatamente isso.

❧

Em geral, é muito mais fácil
fazer grandes mudanças audaciosas
do que pequenas mudanças graduais.

O maior segredinho sujo é que todos,
principalmente as pessoas famosas,
estão apenas improvisando ao longo do caminho.

※

Não existe perfeição, apenas progresso.
Feito é muito melhor que perfeito.

※

Você escolhe ter sorte ao acreditar que
qualquer contratempo é apenas temporário.

※

Se ninguém mais fizer o que você faz,
você não vai precisar de um currículo.

Para diminuir a tensão durante uma divergência,
espelhe a linguagem corporal do outro.

❧

Para obter grandes recompensas,
tenha um grande interesse pelas coisas
pelas quais você não se interessa.

❧

Não é difícil identificar um ladrão:
é aquele que acredita que todo mundo rouba.

❧

Ficamos inconscientemente distraídos
ao ver nosso reflexo. Você pode aliviar muito do cansaço
de passar o dia fazendo videochamadas
se desligar sua autovisualização.

Leia os livros
que os seus autores preferidos leram.

❦

Quando não conseguir tomar uma decisão,
pergunte a si mesmo: "Qual escolha
valerá mais a pena no futuro?"
A escolha fácil traz uma recompensa imediata.
A melhor escolha valerá a pena no final.

❦

Na cabeça, toda ideia é perfeita.
Mas as coisas perfeitas nunca são reais.
Coloque imediatamente uma ideia em palavras,
em um esboço ou em um protótipo.
Agora sua ideia está muito mais
próxima da realidade, porque é imperfeita.

Confie nas avaliações de produto que dão três estrelas,
porque elas falam tanto dos prós quanto dos contras –
e a maioria das coisas tem um lado bom e um lado ruim.

※

Em primeiro lugar, sempre peça o que você quer.
Funciona nos relacionamentos, nos negócios, na vida.

※

Mesmo que você não diga nada,
se ouvir com atenção,
as pessoas vão considerá-lo
um ótimo interlocutor.

A curiosidade é fatal para a certeza.
Quanto mais curioso você for,
menos certezas terá.

❦

Meça sua riqueza
não pelas coisas que você pode comprar,
mas pelas coisas que dinheiro nenhum pode comprar.

❦

Para aprender com seus erros,
primeiro ria deles.

É triste quando alguém que você
treinou com esmero vai embora; mas é pior
quando alguém que você não treinou resolve ficar.

※

Sua opinião sobre uma questão controversa
ganha força quando você é capaz de argumentar a favor
do outro lado tão bem quanto o outro lado.

※

Quando você deixa as pessoas esperando,
elas começam a pensar em todos os seus defeitos.

A confiança é conquistada em gotas
e perdida em baldes.
Uma sinceridade inabalável ajuda a selar a confiança.

※

Um amigo sincero é alguém
que não quer absolutamente nada de você.

※

Você vai passar um terço da sua vida
dormindo na sua cama
e quase outro terço
sentado em sua cadeira.
Vale a pena investir em uma ótima cama
e uma cadeira fantástica.

O objetivo da escuta
não é responder,
mas ouvir o que não está sendo dito.

❦

Não estrague a experiência
assistindo ao trailer de um filme
que você com certeza vai ver.
Assista apenas aos trailers dos filmes
que você não tem certeza se vai ver
ou que provavelmente não verá.

❦

Seu melhor professor é o último erro que você cometeu.

No painel de todo carro há o desenho
de uma bomba de gasolina com uma pequena seta.
A seta aponta para o lado do carro
onde fica a entrada do tanque de combustível.
Lembre-se disso quando alugar ou
pegar um carro emprestado.

❧

O tipo de arte perfeito
para colocar em casa
são peças estranhas
que uma criança dificilmente esquecerá.

❧

Gastar apenas quinze minutos
(1% do seu dia)
para melhorar a forma como você faz alguma coisa
é a maneira mais poderosa de crescer e progredir nisso.

Em vez de perguntar ao seu filho
o que ele aprendeu hoje,
pergunte quem ele ajudou hoje.

❦

O maior assassino da felicidade
é a comparação.
Se tiver que se comparar,
compare-se com seu eu de ontem.

❦

Seus 20 anos são o momento perfeito
para fazer coisas inusitadas, esquisitas, ousadas, arriscadas,
inexplicáveis, loucas, inúteis
e que não se parecem em nada com "sucesso".
Pelo resto da vida,
essas experiências
serão sua musa.

Não se defina
pelas suas opiniões,
porque assim você não pode mudar de ideia.
Defina-se pelos seus valores.

❦

Para ter sucesso uma vez,
concentre-se no resultado;
para continuar a ter sucesso,
concentre-se no processo
que produz o resultado.

❦

Seu parceiro ideal
não é alguém de quem você nunca discorda,
mas alguém de quem você discorda com prazer.

❦

Um coração aberto é o caminho
mais curto para uma mente aberta.

Se você está perdido na vida,
viaje para um lugar do qual nunca ouviu falar.

❧

Ter curiosidade sobre
o ponto de vista de outra pessoa é a
melhor maneira de mudar o ponto de vista dela.

❧

Se você não se importa com a sua equipe,
ela não vai se importar com a sua missão.

❧

Para acelerar uma reunião,
exija que qualquer um que fale
precisa dizer algo que
mais ninguém na sala saiba.

Os ricos têm dinheiro.
Os abastados têm tempo.
É mais fácil ser abastado do que ser rico.

❦

Se quiser ir rápido, vá sozinho;
se quiser ir longe, vá acompanhado.

❦

Seu melhor retrato será tirado
não quando você estiver sorrindo,
mas assim que terminar de rir.
Procure um fotógrafo que te faça rir.

Se sua responsabilidade
não aumenta à medida que você cresce,
você não está crescendo de verdade.

※

Ao fazer planos,
permita-se
se perder para encontrar
o que você não sabia que estava procurando.

※

Todos os bens precisam de reparos e manutenção.
Tudo que você possui acabará por possuir você.
Escolha com cuidado.

Para escrever sobre algo difícil de explicar,
redija uma carta detalhada a um amigo
explicando por que aquilo é tão difícil de explicar,
depois apague a abertura "Querido amigo",
e você terá um ótimo rascunho.

❀

Comprometa-se a não fazer nenhum trabalho,
nenhum negócio,
não ganhar nem um centavo
uma vez na semana.
Chame esse dia de sabá (ou não)
e aproveite para descansar, recarregar as energias
e cultivar as coisas mais importantes da vida.
Paradoxalmente, este dia será
o mais produtivo.

Abrace a pronoia,
que é o oposto da paranoia.
Escolha acreditar que todo o universo
está conspirando pelas suas costas
para você alcançar o sucesso.

❧

Escolha a opção que
abre ainda mais opções.

❧

A primeira etapa geralmente
é concluir a etapa anterior.
Você não tem como colocar nada
em um escorredor de pratos cheio.

Quando estiver perdido,
faça uma lista extensa de tudo que *não vai* dar certo.
Nessa lista haverá uma semente
que levará a uma solução redentora.

❦

Não importa a sua idade,
seus anos dourados são agora.
As coisas boas renderão memórias de ouro,
as coisas ruins renderão lições de ouro.

❦

O remédio mais eficaz contra a raiva é o tempo.

Repensar o ordinário
é o que a arte, a literatura e a comédia fazem.
Você pode transformar detalhes mundanos
em maravilhas pelo simples ato de notá-los.

※

Planeje morrer falido.
Dê tudo aos seus herdeiros antes de morrer;
é mais divertido e mais útil para eles.
Gaste tudo.
Seu último cheque deve ser para
a funerária – e não ter fundos.

※

Está vendo aquele idoso demorando
uma eternidade na fila?
Ele é você no futuro. Tenha paciência.

Invente o máximo de rituais familiares
que você puder administrar com facilidade.
Qualquer coisa rotineira
– grande ou pequena, significativa ou boba –
pode se tornar um ritual.
Se repetidos com frequência,
pequenos hábitos se tornam lendários.
O segredo é criar expectativa.

❦

O melhor jeito de não envelhecer
é permanecer sempre maravilhado.

A arte é mais importante que a roupa para lavar.

※

As lições de vida vão se revelar
na ordem em que forem necessárias.
Tudo de que você precisa para aprender a lição
está dentro de você.
Depois de aprender uma lição,
você receberá a próxima.
Se você está vivo,
isso significa que ainda tem lições a aprender.

Pouquíssimos arrependimentos na vida
têm a ver com o que você fez. Quase todos
têm a ver com o que você não fez.

❖

Seu objetivo é ser capaz de dizer,
um dia antes de morrer,
que você se tornou inteiramente você mesmo.

❖

Conselhos como estes não são leis.
Eles são como chapéus.
Se um não servir, experimente outro.

Agradecimentos

Paul Slovak   edição
John Brockman   agenciamento literário
Claudia Dawson   produção
Camille Hartsell   checagem
Shelby Meizlik   divulgação
Lydia Hirt   marketing
Hugh Howey   leitura preliminar

Entre em contato com o autor pelo e-mail kk@kk.org ou pelo site kk.org.

CONHEÇA ALGUNS DESTAQUES DE NOSSO CATÁLOGO

- Augusto Cury: Você é insubstituível (2,8 milhões de livros vendidos), Nunca desista de seus sonhos (2,7 milhões de livros vendidos) e O médico da emoção
- Dale Carnegie: Como fazer amigos e influenciar pessoas (16 milhões de livros vendidos) e Como evitar preocupações e começar a viver
- Brené Brown: A coragem de ser imperfeito – Como aceitar a própria vulnerabilidade e vencer a vergonha (900 mil livros vendidos)
- T. Harv Eker: Os segredos da mente milionária (3 milhões de livros vendidos)
- Gustavo Cerbasi: Casais inteligentes enriquecem juntos (1,2 milhão de livros vendidos) e Como organizar sua vida financeira
- Greg McKeown: Essencialismo – A disciplinada busca por menos (700 mil livros vendidos) e Sem esforço – Torne mais fácil o que é mais importante
- Haemin Sunim: As coisas que você só vê quando desacelera (700 mil livros vendidos) e Amor pelas coisas imperfeitas
- Ana Claudia Quintana Arantes: A morte é um dia que vale a pena viver (650 mil livros vendidos) e Pra vida toda valer a pena viver
- Ichiro Kishimi e Fumitake Koga: A coragem de não agradar – Como se libertar da opinião dos outros (350 mil livros vendidos)
- Simon Sinek: Comece pelo porquê (350 mil livros vendidos) e O jogo infinito
- Robert B. Cialdini: As armas da persuasão (500 mil livros vendidos)
- Eckhart Tolle: O poder do agora (1,2 milhão de livros vendidos)
- Edith Eva Eger: A bailarina de Auschwitz (600 mil livros vendidos)
- Cristina Núñez Pereira e Rafael R. Valcárcel: Emocionário – Um guia lúdico para lidar com as emoções (800 mil livros vendidos)
- Nizan Guanaes e Arthur Guerra: Você aguenta ser feliz? – Como cuidar da saúde mental e física para ter qualidade de vida
- Suhas Kshirsagar: Mude seus horários, mude sua vida – Como usar o relógio biológico para perder peso, reduzir o estresse e ter mais saúde e energia

sextante.com.br